1820

NOTICE
DES
OUVRAGES MANUSCRITS
DE MONSIEUR
DU CANGE.

A PARIS,
Chez GABRIEL-FRANÇOIS QUILLAU, Pere, Imprimeur-
Juré-Libraire de l'Université, rue Galande, près la
Place Maubert, à l'Annonciation.

M. DCC. L.

NOTICE
DES
OUVRAGES MANUSCRITS
DE MONSIEUR
DU CANGE.

PREMIERE PARTIE.

EN rendant compte de l'ouvrage qui a pour titre *Caroli du Fresne, Domini du Cange, Illyricum vetus & novum*, nous avons observé que le Comte de Buzin voulant donner l'histoire de l'*Illyrie ancienne & moderne*, avoit pris pour base de son travail les Familles *Dalmates & Sclavones*, que M. du Cange a insérées dans son histoire Byzantine, & nous avons annoncé que nous pourrions donner la Notice des Ouvrages de notre Sçavant François, qui n'ont point encore été publiés.

Nous n'avons pas dessein de faire ici l'éloge de M. du Cange & de ses ouvrages; on peut consulter notre Journal du 15 Novembre 1688, la Gazette de France du 30 d'Octobre de la même année,

MANUSCRITS

le Mercure du mois de Novembre suivant, la Lettre d'Estienne Baluse à M. l'Abbé Renaudot, qui est placée à la tête du *Chronicon Paschale*; le second volume des Jugemens des Sçavans, par M. Baillet (*in-4°*. pag. 486. & 558.) les Hommes Illustres, par M. Perrault (Tom. I. pag. 136 & suiv.) les Hommes Illustres du P. Niceron, &c. Tous les Sçavans de l'Europe ont célébré les vertus, la vaste & profonde érudition de M. du Cange, qui mourut à Paris le 23 d'Octobre 1688, dans la soixante & dix-huitiéme année de son âge.

Il avoit publié de son vivant les ouvrages suivans.

Histoire de la Conquête de Constantinople, composée par Geoffroy de Ville-Hardoüin, avec la suite rédigée par Philippes Moufkes, à Paris de l'Imprimerie Royale, 1657. *in-fol.*

Traité historique du Chef de S. Jean-Baptiste, à Paris, Cramoisy, 1665. *in-4°.*

Histoire de S. Louis IX. du nom, Roy de France, écrite par Jean Sire de Joinville, avec des Observations & Dissertations Historiques, à Paris, Mabre-Cramoisy, 1668. *in-fol.*

Joannis Cinnami Historiarum Libri VI. & Pauli Silentiarii descriptio S. Sophiæ, cum notis in Nicephorum Bryennium, Annam Comnenam & Cinnamum. Parisiis è Typographia Regiâ, 1670. in-fol.

Glossarium ad Scriptores mediæ & infimæ Latinitatis. Accessit Dissertatio de Numismatibus Imperatorum Romanorum. Parisiis, Billaine, 1678. in-fol. 3 vol.

Cyrilli, Philoxeni, aliorumque veterum Glossaria Latino-Græca & Græco-Latina. Parisiis, Billaine, 1679. in-fol.

Historia Byzantina duplici commentario illustrata. Parisiis, Billaine, 1680. in-fol.

Joannis Zonaræ Annales, cum Notis. Parisiis è Typog. Reg. 1687. in-fol. 2 vol.

Glossarium ad Scriptores mediæ & infimæ Græcitatis. Lugduni, Anisson, 1688. in-fol. 2 vol.

Chronicon Paschale sivè Alexandrinum, cum Notis. Parisiis è Typog. Regiâ, 1688. in-fol.

Pendant l'impression de ce dernier ouvrage, M. du Cange, au mois de Juin 1688, fut attaqué d'une rétention d'urine, dont il mourut au mois d'Octobre suivant. Il avoit travaillé à l'édition de Nicéphore Gregoras, dont M. Jean Boivin a donné deux volumes *in-fol.* de l'Imprimerie Royale en 1702, les notes de M. du Cange sont imprimées à la fin du second tome. Il avoit écrit une Lettre au P. Papebrock Jésuite, qui a été publiée.

M. Bayle (Préface du Dictionnaire de Furetiére, Edit. de 1691) en considérant le nombre & la qualité des ouvrages de M. du Cange qui ont été imprimés, ne craint pas d'avancer que chez les Nations les plus célébres, il ne se trouve aucun Sçavant qu'on puisse opposer à notre illustre François pour la continuité du travail, la profon-

DE M. DU CANGE.

deur des recherches, & l'étenduë des connoissances. Nous ajouterons que M. du Cange a laissé en manuscrits plusieurs autres ouvrages qui sont finis & en état d'être imprimés, & un recueil immense d'extraits, de pièces, & de matériaux pour la composition d'ouvrages aussi étendus & peut-être aussi importans que ceux qui ont été publiés.

Les manuscrits de M. du Cange sont aujourd'hui divisés en deux parties ; l'une, qui est la moins considérable, est à Vienne dans la Bibliothéque Impériale ; elle y a passé avec la Bibliothéque du feu Prince Eugéne de Savoye, pour lequel le Baron de Hohendorff en fit l'acquisition à Paris avec d'autres Livres. L'autre partie est à Paris entre les mains du petit neveu de M. du Cange, *Jean-Charles du Fresne d'Aubigny*, qui a eu la bonté de nous communiquer ces manuscrits & de nous donner la plûpart des éclaircissemens & des observations dont nous faisons part au public.

Outre ces deux Collections de manuscrits, qui sont conservées à Vienne & à Paris, on a connoissance de quelques autres ouvrages & recueils qui pourront peut-être se recouvrer.

Première partie, Manuscrits qui sont à Vienne.

Ces ouvrages étoient déja connus par deux Mémoires, dont l'un a été envoyé par M. Laugier à M. le Comte de Richecourt, & l'autre est venu par les soins de M. le Cardinal Passionnei ; M. Duval Bibliothécaire de l'Empereur à Florence, dans un voyage qu'il a fait à Vienne, où il est actuellement (en Juin 1749) a pris la peine de lire ces manuscrits & d'en envoyer une notice détaillée à M. d'Aubigny.

Ces manuscrits, qui sont de la main de M. du Cange, consistent en onze volumes, dont nous croyons devoir donner une ample notice, afin que les personnes qui désireront de les consulter puissent sans peine trouver ou indiquer les différentes matiéres dont elles auront besoin.

Le premier volume, *in-fol.* contient différens extraits, Sçavoir :

Des sermens que fait le Roi d'armes lors de son institution.

Recueil de Blasons.

La paix de Gand de l'an 1453.

Traité de M. le Dauphin avec le Roi, l'an 1440.

Des Bacheliers & Chevaliers Bannerets.

L'Ordonnance des Tournois & des Joûtes.

Des Electeurs de l'Empire.

Des Rois, Ducs, Comtes & Marquis, & comment ils se créent.

L'obséque du Connétable du Guesclin.

Comment le Roi doit être, s'il veut combattre.

Les Armes des Rois, des Soudans, des Ducs, des Comtes & des maisons Nobles.

Les Armes des Pairs de France.

Armes de quelques vieux Preux, Du Créquier.

Armes de quelques Maisons Nobles & particuliérement de la Picardie.

Blasons, ou recueil de Vermandois Herault du Roi Charles VII. fait en 1415.

Armes d'Angleterre, des autres Royaumes, & particuliérement de France.

Recueil des Armes des Rois, Pairs & Seigneurs de France & autres Rois & Seigneurs de plusieurs Pays, fait par Secile Hérault, Maréchal d'Armes de Hainault.

Blasons & Armes de plusieurs Princes & Seigneurs du Royaume de France.

Les Armes des Nobles de Picardie.

Alliances de divers Seigneurs & particuliérement de Picardie, Flandres & Artois.

Les Armes des Rois, Ducs, Comtes, Vicomtes, Barons, Seigneurs & Nobles d'Ecosse.

L'art de blasonner & quelques questions sur le droit des Armoiries, avec l'Edit des Duels de Philippe-le-Bel, & un cérémonial, à la fin duquel est écrit, *fait & achevé le 3 jour de Novembre l'an* 1564, *en Valenciennes par Jacques le Bourg*; il étoit Hérault d'Armes des Pays-Bas.

Généalogie de la Maison de Rivery & de plusieurs autres avec les Armes des Alliances.

Ordonnances d'Angleterre pour les Armes à Outrance, &c.

Extraits généalogiques tirés des ouvrages ci-dessus mentionnés.

A la fin du volume on lit : *de nummis & numismatibus scripserunt*, puis se trouvent les noms de treize Auteurs qui ont écrit sur ces matiéres.

Ensuite est une autre liste de 103 ouvrages ou Auteurs, que l'on peut consulter sur les Généalogies de diverses Familles Souveraines & particuliéres; avec le nom des Auteurs, le lieu de l'impression & la forme des volumes.

Il faut remarquer que dans tout ce volume, aucune Armoirie n'y est peinte ni dessinée; mais que toutes les piéces des Blasons y sont bien décrites.

Le second volume est *in-fol.* comme le précédent; il contient une esquisse d'une Géographie universelle de la Gaule. C'est un abîme d'érudition & le fruit de la plus immense lecture. Voici les principaux articles.

Galliæ vix nota Romanis ante Cæsarem.

Qui Gallicam Geographiam agressi sunt præter Geographos.

Galli unde dicti Galatæ. Citations d'Auteurs Grecs & Latins.

Gallorum vestes & arma. Plusieurs Auteurs & ouvrages cités.

Fortitudo Gallorum.

Gallorum primus impetus.

Religio veterum Gallorum. Auteurs cités.

Lingua veterum Gallorum.

Voces antiquæ Gallicæ.

Facundia Gallorum.

Gallorum expeditiones extra Galliam.

Gallorum Coloniæ.

Gallorum Statura.

Veterum Gallorum Duces.
Varii Galliæ Status sub viginti quinque Imperatoribus Romanis.
Christiana Religio in Galliis.
Hæreses.
Gallorum mores.
Francorum veterum mores.
Ubertas soli Gallici.
Galliæ diviso, fines, &c.
De Galliæ climate, &c.

Ensuite l'Auteur parle de toutes les Provinces en particulier, de leurs limites, de leurs Villes, de leur fertilité, des riviéres, des montagnes, & cite les Auteurs sur chaque article & les inscriptions anciennes, en indiquant seulement la page des Auteurs; ensorte que ce volume ne contient aucune discussion ni dissertation suivie.

Les volumes 3, 4, 5, 6, 7, & 8, (grand in-4°.) contiennent l'esquisse du vaste projet que l'Auteur avoit formé d'une Géographie Historique, ancienne & moderne de tous les Pays compris dans l'ancienne Gaule ; entre le cours du Rhin depuis sa source jusqu'à son ancienne embouchure près de Catwick en Hollande; de là suivant les diverses sinuosités de l'Océan jusqu'aux Pyrenées, & le long de ces montagnes jusqu'à la Méditerranée, & de là en suivant les Côtes de cette mer jusqu'aux Alpes, & en suivant ces montagnes jusqu'aux Alpes Rhétiques où sont les sources du Rhin; de sorte qu'outre la France, telle qu'elle est aujourd'hui, l'Auteur faisoit la description du Comté de Nice, de la Savoye, de toute la République Helvétique, des Electorats de Tréves, Cologne, Mayence, & Palatin, de l'Evêché de Liége, des Pays-Bas & d'une partie des Provinces-Unies.

Ce Projet supposoit une lecture & des recherches immenses; aussi paroit-il une érudition infinie par tous les extraits des Auteurs anciens, du moyen âge & modernes, par les Inscriptions, les Cartulaires & autres monumens, que l'Auteur a parcourus & cités pour la composition de son ouvrage. Sa premiére idée étoit de ranger toutes les matiéres par ordre alphabétique; mais cela ne paroit que par quelques endroits de ces six volumes. Les extraits sont pour la plûpart très-courts; mais le grand nombre de chiffres & de renvois démontre que l'Auteur connoissoit bien les sources où il devoit puiser.

Ce qu'il dit au sixiéme volume, de la Suisse en général, du Valais, des Grisons, de la Savoye, du Bugey & de la Bresse, est très-concis.

Il en est de même au septiéme volume à l'égard de la Lorraine; en parlant des monts de Vosge, l'Auteur n'a pas oublié une Inscription qui fait mention du Dieu *Vosegus.*

Le huitiéme volume, qui est le dernier de cette esquisse, commence par une ample liste de Cartes & de Plans dont on peut se servir pour la Géographie de la Gaule. Mais depuis la mort de M. du Cange, la Géographie de la France a été perfectionnée, par la discussion de plusieurs points Géographiques anciens & modernes, par les Cartes de quelques Provinces, de plusieurs Diocèses, d'un grand nombre de Cantons particuliers, qui ont été levées; le plan Géométrique de la France a été déterminé par les Opérations de MM. de l'Académie Royale des Sciences.

Ce volume est terminé par une liste alphabétique de divers Ordres de Religieux & de Religieuses établis en France, avec la date de leurs établissemens dans chaque Ville, & les noms des Auteurs qui en ont parlé.

On trouve à la fin du volume, les *raisons* pour démontrer que S. Denis, Evêque de Paris, n'est point l'Aréopagite. C'est un extrait du traité du P. Sirmond intitulé: *Dissertatio de duobus Dionysiis*, imprimé à Paris en 1641.

Le neuviéme volume *in-fol.* qui est intitulé *Recueils manuscrits*, & au-dessous A. B, commence par les *Armes & Blasons* des Maisons Nobles de Provence, d'après l'histoire de Provence de César Nostradamus, imprimée en 1614.

Ensuite on voit l'extrait du Cartulaire du Marquisat d'Encre en Picardie, avec les noms des Fiefs & des Vassaux dépendans dudit Marquisat.

Extrait d'un Inventaire des dénombremens fournis aux Seigneurs de Bray, & de Mirammont.

Extrait du Livre intitulé: *Tresor*.

Extraits du Roman, *la Male-Marâtre*; du Livre *l'Enseigne de la Sapience*; du Livre intitulé, l'*Arbre des Batailles*, composé par Honoré Bonnet, Prieur de Salon en Provence, imprimé à Lyon en 1481; l'Auteur vivoit au commencement du régne de Charles V.

Extrait du Testament de Jean de Mehun.

Dix-neuf vers Gaulois tirés de la *Patenastre du Reclus de Miolens*.

Manuscrit généalogique de la Maison de Rivery, & autres.

Généalogie de la Maison de S. Blimont.

Généalogie de Rubenpré.

Armoiries de quelques Maisons de Picardie.

Noms & Armoiries des Mayeurs de la Ville d'Abbeville, depuis l'an 1183 jusqu'en 1602.

Extrait du Registre de l'Echevinage d'Arras, commençant l'an 1419.

Joûtes de l'Espinette de Lille du jour de *Behourdich*, 1211.

Armoiries de plusieurs Familles habituées à Amiens.

Table des Edits, Déclarations, Lettres, &c. pour l'histoire de la Ville d'Amiens.

Extraits de l'histoire de France, de Philippes de Mouskes, qui est manuscrite, en la Bibliothéque du Roi, n°. 244.

Nomina Episcoporum Ambianensium, le premier nom est *S. Firminus Martyrius Episcopus*. Le quarantiéme & dernier est *Tetbaldus*.

Extrait du Cartulaire de l'Eglise Collégiale de S. Firmin d'Amiens.

Extrait des Titres de Louis de Rély, Seigneur de Framicourt.

Extrait du Registre aux Chartres

tres du Bailliage d'Amiens, depuis le jour de l'Ascension 1568, jusqu'au 15 Juillet 1569.

Extrait du Cartulaire de l'Abbaye de S. Fussien près Amiens.

Extrait du Martyrologe de l'Eglise de Notre-Dame d'Amiens; c'est un Nécrologe des Bienfaiteurs de cette Eglise.

Extrait du Cartulaire du Chapitre de Notre-Dame d'Amiens.

Extraits de l'Inventaire du Tresor des Chartres de France, les Titres sont : Picardie, Corbie, Péronne, Vermandois, S. Quentin, Laon, Coucy, Compiégne, Noyon, Roye, Nesle, Ponthieu, & Boulogne.

Trois autres extraits du Tresor des Chartres.

Extrait du Cartulaire de la terre & ressort du Châtel de Guyse, fait en l'an 1327.

Extrait du Martyrologe & Obituaire de l'Eglise de S. Firmin le Confesseur à Amiens.

Extrait de l'Inventaire des Titres de l'Abbaye du Gard.

Extrait du Cartulaire de l'Abbaye de S. Acheul.

Extrait d'un Livre intitulé : *Repertorium sive Registrum Cartarum seu Litterarum existentium in Armario insignis Ecclesiæ Capituli Ambianensis, inchoatum 1°. die Junii ann. M. D. XXXIII. &c.* Ce sont divers Documens, Inventaires d'ornemens d'Eglise, dénombremens de possessions, de fondations, de titres, &c.

Extrait du Cartulaire de l'Eglise Collégiale de S. Firmin de Vinacourt.

Extrait d'un autre Inventaire, des Titres de Notre-Dame d'Amiens.

Extrait de la Vie de S. Denys, en Vers.

Extrait d'un grand volume en parchemin intitulé : *Liber Principum*, &c. C'est une énumeration des Fiefs & Arrière-Fiefs de la Couronne, & le nom de leurs Possesseurs; les Apanages assignés à plusieurs Princes & Princesses de la Maison Royale; les Maisons des Princes Feudataires & surtout des Comtes de Champagne, &c. Il y est parlé de Thomas & de Mathieu, Ducs de Lorraine.

Extrait d'un Rôle en parchemin, tiré de la Chambre des Comptes intitulé : *Hi sunt Reditus & Census Domini Episcopi Ambianensis tam in Civitate quam extrà Civitatem, de anno. M. CCC. I.*

Extrait d'un volume de Recueils d'Histoire de France; c'est une liste de Diplômes & de Lettres de plusieurs Rois de la seconde Race.

Extrait d'un Rouleau intitulé : *Compotus Præpositura Parisiensis de termino omnium Sanctorum, ann.* 1256.

Extrait d'un Rouleau en parchemin, avec ce titre : *Inventaire des biens meubles de l'execution le Roy Loys de bonne mémoire qui Diex fait mercy, &c.* c'est de Louis Hutin.

Compotus Baillivotum & Præpositorum Franciæ & Baillivorum Normanniæ de termino Candelosa, 1268.

B

Plusieurs autres Comptes des Baillifs de différentes Provinces de France.

Extrait des Archives du Château de Manosque de l'Ordre de S. Jean de Jérusalem. Cet extrait seroit d'une grande utilité à ceux qui voudroient travailler à l'histoire des Croisades.

Extrait du Chartrier des Templiers de S. Gilles.

Tables des matiéres des Mémoires & Recueils divers de feu M. de Peiresc, Conseiller de la Cour d'Aix, à présent (en l'année 1654) en la possession de M. le Baron de Riantz son neveu, qui font mention de 82 recueils ou volumes.

Extrait d'un grand Regiftre en parchemin intitulé : *Regiftre des Mémoriaux & Dons faits* par les Rois d'Angleterre aux Comtes d'Angoulême & autres Personnes.

Extrait d'un autre Regiftre en parchemin avec le titre : *Regiftrum Curiæ Franciæ D. Regis de Feudis & Negotiis Senescalliarum Carcassonæ & Tholosani & Caturcensis & Rhutenensis.*

Epitaphes qui se voyent en l'Abbaye de Braine de l'Ordre de Prémontré, Diocése de Soissons.

Autres Epitaphes qui se voyent en quelques Eglises de Picardie; en l'Abbaye de S. André aux Bois, Ordre de Prémontré; en l'Abbaye de S. Pierre-lez-Selincourt ; en l'Abbaye de Notre-Dame de Sery, Ordre de Prémontré ; aux Célestins & aux Jacobins d'Amiens.

Extraits des Regiftres du Bureau des Finances d'Amiens, depuis 1601, jusqu'en 1623 inclusivement.

Extrait, ou Table des Lettres, contenuës en cinq Livres, d'alliances des Rois de France, faite par le commandement du Roi Charles V.

Diverses Inscriptions qui se lisent aux grandes Vitres de l'Eglise Notre-Dame d'Amiens ; elles sont presque toutes du treiziéme siécle.

Le dix & le onziéme volume, *in-fol.* semblent être l'ébauche d'un Dictionnaire Universel sur différentes matiéres ; il est continué depuis la lettre A. jusqu'à la lettre V.

Le premier mot est *Amor* ; cet article est de quatre pages, dont la moitié est écrite en Grec & en très petit caractére. Tous les Auteurs Grecs & Latins, Historiens, Philosophes, Poëtes, Orateurs, Philologues, &c. y sont cités ; c'est un prodige d'érudition.

Nous rapporterons seulement les titres sous la lettre A. pour donner une idée des titres qui suivent sous les autres lettres.

Amor.

Alliances des Royaumes. Alliances du Roi de France avec les Turcs.

Adversa ; vide, Prosperitas.

Alea.

Annus. Mensis. Annata.

Agricultura. Agricolas utiliores esse Militibus in Republica. Vide Maxim. Tyr. Differt. 14.

Adjournement.

Advocatus, Advocati ; vide, Ju-

DE M. DU CANGE.

isprudentia.
Archidiaconus.
Archiepiscopus.
Ambitus.
Appellationes ac tituli honorarii.
Artes. Profession.
Adoratio, ritùs adorandi, salutandi & supplicandi.
Ainesse.
Aerarium. Aerarii Præfectus.
Admiral.
Appellationes, de judice ad quem appellatur.
Asylus, lieu de Franchise.
Abolitiones, Venia, Remissiones.
Annulus, de annulorum jure, sculpturâ, de annulis obsignatoriis., &c.
Abbas, Abbatissa, Abbatia.
Aqua. Ὑδρόποσις *seu potus aqua.*
Auditus. Aures, inaures.
Annona. Surintendans, Intendans, Commissaires Généraux des Vivres.
Pistores, Frumenta.
Absens. Absentia diuturna.
Armes, Armoiries.
Ambassadeurs.
Aubains, *vide in verbo,* Naturalité, Bourgeois.
Abortus, de iis qui abortum procurant.
Artes mechanicæ. Il n'y a que le Roi qui puisse instituer Corps de métier. Chopin Liv. 3 de Dom. Tit. 27. n. 24.
Artes variæ, artifices varii. Coriariis in urbe habitare non licebat, quia morticina attrectant. Sentinæ, Carnificinæ. Vespillones, ex Artemidor. Lib. 1. cap. 53. Lipf. in 2. Tacit. Annal. Vendeurs d'allumétes, *nec sulphurata lippus institor mercis.* Martial, lib. 12. Epigr. 57.
Acquêts.
Atheus.
Aliénations. Aliénations forcées, *vide* Domaines.
Amende.
Autorité du Mari, *vide conjugalis amor.*
Amortissement.
Arrérages.
Alimens.
Abus.
Arbitres. Compromis.
Avaritia, nimia parcimonia.
Angeli, vide, Diabolus, Dæmon, Genius.
Aër.
Alluvio. Inundatio. Insula.
Accusator.
Adulterium, deux pages de citations Grecques & Latines. *Adulterii pœna,* deux pages de citations en très-petit caractére.
Adulator.
Actio.
Adoptio.
Amicitia.
Arithmetica. Item de Numeris.
Anima.
Appanage; deux pages de citations : c'est la fin de la Lettre A. La suivante B. commence par le mot *Beneficium ;* ce qui est continué, comme nous l'avons déja dit, jusqu'à la lettre V.

Sous la lettre D. on lit ce titre: *Deorum Dearumque appellationes variæ, ac primùm Jovis.* Toutes les Epithétes Grecques & Latines que les Payens ont prodiguées à leurs fausses Divinités, sont ici rapportées.

On trouve sous les autres lettres des titres qui sont traités avec la même érudition.

On voit par la notice que nous venons de donner, d'après M. du Val, des onze volumes qui sont à la Bibliothéque de l'Empereur, que ces manuscrits ne contiennent aucun ouvrage fini ; que ce sont des matériaux recueillis pour la composition d'ouvrages importans.

Les sept volumes, qui traitent de la Géographie de la France, si on y joignoit la notice des Gaules de M. de Valois, la description de la France, de M. l'Abbé de Longueruë, les Histoires particuliéres de plusieurs Provinces, seroient fort utiles à ceux qui voudroient entreprendre de composer une Géographie complète de la France ancienne, du moyen âge & moderne. L'entreprise seroit digne de ces Communautés ou Sociétés Sçavantes qui ont du zéle pour l'honneur & la gloire de la Nation.

Au reste ces manuscrits qui sont à Vienne suffiroient seuls pour donner une idée des vastes projets, du travail & de l'érudition de notre illustre Sçavant. M. Duval qui a pris la peine de les lire & d'en donner la notice, s'écrie avec raison, *Comment M. du Cange a-t'il pu avoir tant pensé, tant lû, tant écrit, & avoir été cinquante ans marié ?* La surprise augmentera encore, quand on verra la notice des ouvrages finis & des recueils qui sont entre les mains de M. d'Aubigny. Ce sera la matiére de la seconde Partie.

SECONDE PARTIE.

Nous avons donné dans la première partie la Notice des Manuscrits de M. du Cange qui sont à Vienne, dans la Bibliothéque de Sa Majesté Impériale; il nous reste à parler de ses autres Manuscrits qui sont en France entre les mains de M. d'Aubigny. Cette Partie est bien la plus considérable, puisqu'elle contient plusieurs Ouvrages finis & prêts à être imprimés, outre un grand nombre de Recueils & de matériaux.

Seconde Partie. Manuscrits qui sont à Paris.

Ces Ouvrages peuvent être distingués en trois classes; sçavoir en Ouvrages parfaits & finis, en Ouvrages commencés & imparfaits, & en simples Recueils ou matériaux.

I. Dans la classe des Ouvrages finis, un des plus intéressans est 1°. l'Histoire des Principautés & des Royaumes de Jérusalem, de Chypre & d'Arménie, sous les Princes Latins, & des Familles qui les ont possédés. Cet ouvrage commence par la description & la division du Royaume de Jérusalem; l'Auteur donne ensuite l'Histoire de Godefroi de Boüillon & des Rois ses Successeurs; l'histoire des principaux Barons de ce Royaume, de leurs Baronies, les Familles & les grands Officiers.

Les Royaumes de Chypre & d'Arménie sont traités dans le même goût & avec la même étenduë.

On trouve ensuite la *Syrie Sainte*, c'est-à-dire, l'histoire des deux Patriarchats d'Antioche & de Jérusalem; celle des Archevêques & des Evêques qui en dépendoient; celle des Abbés & Abbesses. L'histoire des Eglises de Chypre. L'établissement & la suite des Grands Maîtres du Temple.

2°. Le second Ouvrage contient les Familles Normandes, ou la généalogie des Rois de Sicile, des Comtes d'Averse & des Princes de Capouë, & de la Maison de Grentemesnil; avec la liste des Seigneurs Normands qui se trouvérent aux premiéres Conquêtes de l'Apoüille, de la Calabre & de la Sicile, & des Seigneurs Normands & François qui ont servi dans les Armées des Empereurs de Constantinople. Cet ouvrage est relatif à l'*Histoire Byzantine*, qui fait souvent mention de ces Familles. Ces deux ouvrages, (les Familles d'Orient & les Familles Normandes) sont achevés & en état d'être imprimés; ils peuvent faire un petit volume *in-folio*. Ils sont composés avec la même exactitude qui se remarque dans les autres Ouvrages de M. du Can-

B iij.

ge; rien n'y est avancé sans citation, & souvent d'après les titres originaux. Il en avoit rassemblé les preuves en 300 pag. *in-folio*, écrites de sa main; les 251. premières sont perdues, il renvoye pour les Comtes de Dampierre aux pages 768, 779, 781, 783, 794, 806, 811, 817, 821, 890, & 905. d'un *Recueil* qu'il ne marque que par la lettre R. M. d'Aubigny a en sa possession ce Recueil ou répertoire, au moyen duquel on pourroit retrouver quelques-unes des preuves qui sont perdues. Il y a de pareils *renvois* sur les Marquis de Montferrat, sur les Evêques de Bethléem & sur quelques autres.

3°. L'Histoire de la conquête de Constantinople, composée par Geoffroy de Ville-Hardoüin, divisée en deux parties, &c.

Cette Histoire a été imprimée pour la première fois à l'imprimerie Royale, *in-folio*, en 1657. c'est le premier Ouvrage que M. du Cange ait donné au public. Il l'a depuis revû, corrigé & augmenté; mais les augmentations sont si considérables, que l'on peut dire que c'est un Ouvrage neuf. Il y a quelques corrections dans la traduction de Ville-Hardoüin, des corrections & augmentations considérables dans les Observations sur l'Histoire du même Auteur, ou dans le Glossaire ou explications des vieux mots François. L'augmentation la plus ample est dans la seconde partie, qui est proprement l'histoire de l'Empire de Constantinople sous les Empereurs François. Il y a aussi plusieurs nouvelles piéces à joindre aux Preuves; & ce ne sont pas les moins importantes.

Cet Ouvrage mérite d'être imprimé, vû l'importance du Sujet & les augmentations; & on pourroit revoir l'histoire de Philippes Mouskes sur le manuscrit de la Bibliothéque du Roy.

4°. Histoire des Comtes d'Amiens, des Comtes de Ponthieu, des Vicomtes d'Abbeville, des Seigneurs de Saint-Valery, de la Ville de Calais, &c.

Quoique cette Histoire paroisse achevée, ayant même passé en 1713 sous les yeux de M. Saurin, Censeur, pour être imprimée; cependant elle ne remplit qu'une partie du projet que M. du Cange avoit formé pour une Histoire de Picardie, & qui est conservé par M. d'Aubigny. Ce projet nous a paru si important, que nous avons crû devoir le donner en entier pour servir de plan aux Sçavans, qui voudroient écrire l'histoire de la province de Picardie.

DESSEIN DE L'HISTOIRE DE LA PICARDIE.

Livre premier.

Division des Gaules en général.
De la Gaule Belgique.
Division de la France sous les Rois de la premiére & seconde Race.
Division de la France sous les Rois de la troisiéme Race, en *Langue* * *d'Ouï*, *Langue d'Oc*, & *Langue Picarde*.

* M. du Cange écrit *Langue Doil*.

Du nom de Picardie.

Gouvernement de Picardie, son étenduë, sa division, & la suite des Gouverneurs & Lieutenans de Roy.

De la Généralité de Picardie, & la liste des Villages de chaque Election.

De la bonté & fertilité de la Picardie, de ses Riviéres, & des anciens chemins Romains par la Picardie.

Livre second.

Du Bailliage d'Amiens, son étenduë, ses sept Prevôtés, & la liste des Villes, Bourgs & Villages de chaque Prevôté.

Suite des Baillis d'Amiens, & par occasion de l'origine & institution des Baillis & Sénéchaux.

De la ville d'Amiens, ses noms ancien & moderne, sa description topographique, &c.

De ses Edifices publics, anciens & modernes, de l'ancien Château, de la Citadelle, &c.

Des Eglises, & premiérement de la Cathédrale.

Des Eglises Paroissiales.

Des Abbayes, Prieurés & Monastéres de Religieux & de Religieuses enclos dans l'enceinte de la ville d'Amiens.

Livre Troisiéme.

Histoire & Etat de la ville d'Amiens sous les Gaulois, les Romains, les premiére & seconde lignées des Rois de France.

Livre Quatriéme.

Histoire des Comtes d'Amiens.

Livre Cinquiéme.

Des Châtellains d'Amiens, leur Généalogie.

Suite des Capitaines & Gouverneurs d'Amiens.

Livre Sixiéme.

Etablissement de la Commune d'Amiens ; la suite des Maieurs, avec les Remarques de ce qui s'est passé de plus mémorable sous chacun d'iceux, & par occasion des Hommes Illustres d'Amiens.

Livre Septiéme.

Histoire Ecclésiastique de la ville d'Amiens, & premiérement de l'Evéché d'Amiens, son étenduë & le Poüillé des Bénéfices en dépendans.

Suite des Evêques d'Amiens, avec des Remarques concernant l'Histoire Ecclésiastique.

Livre Huitiéme.

Histoire ou Traité Historique de la Translation du Chef de Saint Jean-Baptiste. (Ce Traité a été publié à Paris en 1665.

Livre Neuviéme.

De la Seigneurie temporelle des Evêques d'Amiens ; & par occasion, d'où procédent les biens des Evêques.

Des Vidames & Advoüés institués pour la conservation des biens des Prélats.

De la Seigneurie des Vidames dans la Ville & dans l'étenduë de l'Evéché.

Suite généalogique des Vidames d'Amiens, des Maisons de Piquigny & d'Ailly.

Livre Dixiéme.

Des sept Prevôtés & Villes dépendantes du Bailliage d'Amiens.
De la Prevôté de Montreüil, de la Ville de Montreüil, &c.
De la Prevôté de Beauquesne, &c.
De la Prevôté de S. Riquier, de la ville & Abbaye de S. Riquier.
De la Prevôté de Doullens ou Dourlens.
De la Prevôté de Foüilloy; de la Ville & Abbaye de Corbie.
De la Prevôté de Vimeu.

Livre Onziéme.

Du Comté de Pontieu, son étendue, ses démembremens.
Suite des Comtes de Pontieu.

Livre Douziéme.

Sénéchaussée de Pontieu. Liste des Villages en dépendans.
Suite des Sénéchaux.
De la ville d'Abbeville, & ses Antiquités.
Etablissement de la Commune d'Abbeville. Suite des Maieurs, avec les Remarques de ce qui s'est passé de mémorable sous chacun d'iceux en la Ville d'Abbeville.
De la ville de Ruë & ses Antiquités.
De Marcquenterre; & des autres lieux plus considérables du Comté de Pontieu.

Livre Treiziéme.

Du Comté de Boulenois, son étendue, bonté & fertilité du Pays; du Pays des Morins.
Histoire des Comtes de Boulogne.
Sénéchaux de Boulogne; Gouverneurs de Boulogne.

Livre Quatorziéme.

De la Ville de Boulogne, ses Antiquités, sa Description, &c.
De l'Evêché de Boulogne. Poüillé des Bénéfices.
Suite des Evêques de Teroüanne & de Boulogne.
Des villes d'Estaples, de Wissan, & par occasion de l'*Icius Portus*, de Monthulin & autres lieux remarquables du Comté de Boulenois.

Livre Quinziéme.

Du Pays reconquis.
De la ville de Calais, ses Antiquités, ses Gouverneurs.
De la ville d'Ardres, des Seigneurs d'Ardres.
De Guines, des Comtes de Guines.
De Hames, des Seigneurs de Hames.
Des autres lieux remarquables du Pays reconquis.

Livre Seiziéme.

Du Pays de Santerre; du Gouvernement de Péronne, de Montdidier & Roye; suite des Gouverneurs & Baillis.
De la ville de Péronne, ses Antiquités. Des anciens Seigneurs & Châtelains de Péronne.

De

De la ville de Montdidier, de ses Seigneurs, &c.
De la ville de Roye, des Seigneurs de Roye.
Des autres lieux remarquables dudit Gouvernement.

Livre Dix-septiéme.

Du Comté de Vermandois; son étendue, &c.
Suite des Comtes de Vermandois.
Sénéchaux & Baillis de Vermandois.
De la ville de Noyon, & de ses Evêques.
De la ville de Saint Quentin, Gouverneurs de S. Quentin, &c.
De la ville de Ham, Seigneurs de Ham.
Du Câtelet.
De Nesle, des Seigneurs de Nesle.
Des autres Lieux dudit Comté.

Livre Dix-huitiéme.

Du pays de Tierache & son étendue.
De la Fere, ses Seigneurs.
De Guise, ses Seigneurs & Ducs.
De la Capelle.
De Vervins.
De Ribemont, ses Seigneurs.
De Marle & ses Seigneurs.
Des autres lieux dudit Pays.

Livre Dix-neuviéme.

Du pays de Beauvaisis.
De la ville de Beauvais.
Des Comtes de Beauvais.
Des Evêques de Beauvais.
De Clermont; Comtes de Clermont.
De Breteüil, des Comtes, Seigneurs & Abbés de Breteüil.
Des autres Places & lieux considérables du Beauvaisis.

Livre Vingtiéme.

Du pays de Soissonnois, Tartenois, Laonois.
De la ville de Soissons, ses Comtes & ses Evêques.
De la ville de Chauni.
De la ville de Braine.
De la ville de Fere.
De la ville de Laon.
Des Comtes de Laon.
Des Evêques de Laon.
Des autres Places de ces Pays.

Livre Vingt-uniéme.

Ce Livre & quelques suivans contiendront les Généalogies des plus illustres Familles de Picardie, & dont la connoissance est nécessaire pour l'intelligence de l'Histoire.

A la fin seront placées les Preuves de cette Histoire; les Chartes, Titres & autres Piéces Manuscrites qui y seront rangées selon l'ordre des temps.

Nous ajouterons que plusieurs morceaux de cette Histoire de Picardie sont achevés; il seroit facile de perfectionner les autres avec le secours des Recueils de M. du Cange; l'Histoire des Comtes d'Amiens, &c. compose un volume qui est un peu moins fort que celui des Familles d'Orient & des Familles Normandes.

2°. Un Porte-feuille rempli de plus de trois cens Piéces, pour ser-

C

vir de Preuves) à l'Histoire de Picardie, & à celle des Evêques d'Amiens, dont il sera parlé plus bas.

Ces Piéces sont copiées avec grand soin de la main de M. du Cange. On trouvera des Piéces pour la même Histoire de Picardie, dans le premier & dans le neuvième Volume des Manuscrits qui sont à Vienne, comme on peut le voir dans notre premier Extrait.

Les Piéces qui sont à Paris, composeroient seules un assez gros volume.

6°. Recueil de mille à onze cens Corrections, Remarques ou Additions, sur les Chroniques de Monstrelet, de l'édition de Guillaume Chaudiere de l'année 1572. Elles sont toutes importantes; & tombent principalement sur les noms Allemands, Anglois & autres mots Etrangers qui sont défigurés.

7°. On peut mettre encore au nombre des Ouvrages finis, une Carte Généalogique des Rois & de la Maison de France, depuis Pharamond jusqu'à Louis XIV. inclusivement. Cette Carte, sur velin, porte onze à douze pieds de haut, sur six à sept de large. Quoiqu'elle ait été faite dans un temps où l'on n'avoit pas tous les secours, que nous avons aujourd'hui sur l'Histoire de nos Rois, elle peut être regardée comme un chef-d'œuvre ; & nous n'avons rien qui présente si généralement, si distinctement & sous un seul aspect, les lignes directes, les différentes branches, les Alliances, le Blazon & la Chronologie, outre le précis historique dont les écussons sont remplis ; à quoi il faut ajouter la propreté & l'élégance du Dessein, & la netteté du caractère.

Cette Carte, avec quelques légères corrections, feroit d'une grande utilité pour l'étude de notre Histoire ; elle pourroit servir de modéle pour les autres Maisons illustres de l'Europe.

II. La classe des Ouvrages commencés & qui ne sont pas finis comprend plusieurs morceaux intéressans.

1°. Un Traité des Armoiries, de leur origine & de leur usage. L'Ouvrage est divisé en quatre Livres, & en cinquante-huit Chapitres. Nous croyons devoir en donner le Plan.

Livre Premier.

Ch. 1. De l'utilité de la science des Armoiries.
2. De l'Origine des Armes. Diversité d'opinions.
3. Les Armes ont pris leur origine des boucliers des Anciens.
4. Des Ecus des Anciens.
5. Des Devises des écus.
6. Les anciens ont eu des marques héréditaires dans les Familles.
7. Des Couleurs.
8. Des Pannes en général.
9. De l'Hermine.
10. Du Vair.
11. De la régle de ne mettre métal sur métal.
12. Des Ornemens extérieurs des Ecus, des Tymbres & des Casques.

13. Des Lambrequins.
14. Des Tenans.
15. Du Cimier.
16. Du Tortil.
17. Des Couronnes.
18. Des Coliers des Ordres.

Livre Deuxiéme.

19. Les Armes font les marques de Noblesse.
20. Il n'appartient qu'au Souverain de les donner.
21. Les Armes font preuves de Noblesse.
22. Des Gentilshommes de nom & d'Armes.
23. Des pleines Armes. Si l'on peut disposer des pleines Armes.
24. Du Roy d'Armes.
25. De l'usage du cri d'Armes.
26. Des Brisures des Puînés.
27. Des Armes des Bâtards.
28. Des Armes des Dignités.
29. Des régles observées au port d'Armes de Dignité.
30. Des Armes des Femmes.
31. Des Armes des Religieux & Ecclésiastiques.
32. Des Ornemens qui accompagnent les Ecus.

Livre Troisiéme.

33. Les Armes font preuves de parenté & d'agnation.
34. S'il est permis de prendre les Armes d'autrui.
35. Des Substitutions à la charge de prendre les Armes.
36. Des Adoptions.
37. Armes des Princes communiquées à diverses Personnes.
38. S'il est *loisible* de changer ses Armes.
39. Armes font marques de Seigneurie & propriété.
40. Sont marques de Patronage aux litres, &c.
41. Des Ceintures funébres.
42. Armes font marques de Seigneurie ès Sceaux.
43. Es Monnoyes.
44. Aux Sauvegardes.
45. Aux Ouvrages & Edifices publics.
46. Aux habits des Officiers.

Livre quatriéme.

47. Les Armes font marques de Souveraineté ès Banniéres.
48. Des Banniéres & Pennons des Rois.
49. Des Etendarts.
50. Des Banniéres des Navires.
51. Des Banniéres des Chevaliers Bannerets.
52. Des Pennons des Chevaliers.
53. Les Armes font marques de noblesse aux habits.
54. Les Armes portées aux Obséques & apposées aux tombeaux.
55. De l'usage des Armes ès Tournois.
56. De l'injure faite aux Armes.
57. De la rupture des Armes, des dégradations.
58. Du devoir des Hérauts d'Armes au fait des Armoiries, & des Juges du port des Armes.

Nous nous sommes étendus sur cet Ouvrage, parce qu'il est d'un mérite singulier, & qu'il est neuf en son genre, du moins parmi les François. M. du Cange distingue la science des Armes en trois parties. La premiére est la maniére de blasonner, ou le déchiffrement de l'Ecu d'Armoiries, des couleurs & des piéces qui le composent. La seconde consiste à sçavoir le blason des Armoiries, des Familles nobles. La troisiéme, qui consiste en la science du Droit & de l'usage des Armes, est le Sujet particulier de ce Traité; cet Ouvrage peut avoir son application à toutes les Nations. Si on vouloit le perfectionner il faudroit avoir communication de quelques morceaux qui sont dans le premier volume des Manuscrits de Vienne, & dont nous avons donné la note dans notre premier Extrait; ou bien on pourroit prendre dans le Manuscrit, qui est à Paris, les Chapitres qui sont complets & en état d'être publiés, & on les joindroit par forme de Supplément aux Dissertations que M. du Cange a données à la suite de l'histoire de Saint Louis, par Joinville, lesquelles contiennent plusieurs choses relatives aux Armoiries.

2°. Outre *le Traité des Armoiries*, M. du Cange a travaillé à un autre grand Ouvrage, qui est un *Nobiliaire de la France*, disposé par ordre alphabétique; les Mémoires qu'il a rassemblés remplissent trois portefeuilles *in-fol*. Il y est parlé de mille Familles, à commencer par les Vicomtes d'Acqs, en finissant par les Comtes de Zutphen. On pourroit également donner à cet Ouvrage le titre de Mémoires pour l'Histoire des Grands Fiefs de la France. Il n'y en a presque aucun sur lequel il n'y ait assez de recherches & de matériaux, pour composer une Histoire suivie depuis la premiére Origine connue de ces Fiefs jusqu'à leur réunion, soit à la Couronne de France, soit aux Souverainetés adjacentes, comme à la Savoye, aux Pays-Bas, à la Lorraine, &c.

Il y a environ deux cens Articles, qu'on mettroit aisément en état d'être publiés, & ce sont les plus importans. Le premier & le neuviéme volume des Manuscrits qui sont à Vienne, contiennent plusieurs morceaux relatifs à cet Ouvrage.

M. du Cange cessa de travailler à l'Histoire des Grands Fiefs pour se livrer à son Glossaire; il avoit eu aussi le dessein de faire l'Histoire des Dignités & des Grands Officiers de la Couronne; il parle d'un *vol. in-fol*. & d'un autre *in-4°*. où il avoit inséré plusieurs matériaux de cette Histoire.

3°. M. du Cange dans ses vastes projets de travail embrassoit l'Histoire générale de la France, comme nous l'avons déja remarqué dans le premier Extrait; il donna un projet pour la collection générale des Historiens de France, lorsque M. Colbert forma le dessein de perfectionner l'ouvrage d'André du Chesne. M. d'Aubigny a l'original de ce Projet, qui est plus étendu que celui sur lequel le Pere le Long a donné un Mémoire p. 955. de sa Bibliothéque. Mais le

Pere le Long avance, pag. 954, que M. Colbert abandonna la Collection, & que mécontent de M. du Cange il lui ôta une pension en 1676. Le Ministre occupé de grandes affaires pendant la Guerre, qui fut terminée par la Paix de Nimégue en 1678, put bien abandonner le projet de la collection, qui fut repris par M. le Tellier, Archevêque de Rheims, & qui n'a été mis à exécution que sous le glorieux régne de Louis XV. Mais il est certain que M. du Cange, n'a point été privé d'une pension en 1676, il n'en avoit point alors; ce ne fut qu'en 1686, deux ans avant sa mort, qu'il fut gratifié d'une pension de huit cens livres, pour avoir donné la correction des Cartes Chronologiques de M. Rou. Nous avons cru devoir remarquer cette faute du Pere le Long, qui a été copiée par les RR. PP. Bénédictins dans leur *Prospectus* de la nouvelle collection des Historiens de France, & qui est répétée dans le premier volume de cette collection. Nous ajouterons que ces Révérends Peres, dès qu'ils ont été instruits de la vérité, ont promis de se rétracter à la première occasion qu'ils auront de parler de M. du Cange.

4°. On peut ranger dans la classe des Ouvrages imparfaits, les *Mémoires* pour l'histoire des Evêques d'Amiens; ils finissent à l'Evêque Jean Roland, qui mourut en 1378, il y manque deux Vies d'Evêques. Il se trouve dans le neuviéme volume de Vienne plusieurs Extraits, qui se rapportent à cette Histoire. On pourroit donner les Mémoires tels que nous les avons en France, à la suite de ce qu'on a sur la Province de Picardie.

III. La classe des simples matériaux contient des Recueils précieux.

1°. Un Recueil intitulé : *de Oraculis*, qui contient soixante & onze Chapitres, ils ne sont point achevés ; mais les matériaux sont rassemblés & préparés. Pour en donner une idée, nous prenons un des articles, le premier qui nous tombe sous la main.

Oraculum Saturni, Themidis & Apollinis Delphis.

On trouve au-dessous de ce titre, Apollodor. L. 1, Biblioth. p. 9. Mela L. 2. c. 3., Orpheus in hymn. pag. 41. 59. Théocrite, Meursius, Lycophron, Tzetzès, Aristide, Varron, Eschyle in Promet, Justin, Martial, &c. avec les citations de ces Auteurs, de maniére que qui n'auroit vû que ce Recueil de M. du Cange, imagineroit qu'il a passé sa vie à lire les Anciens.

2°. Un Recueil des matériaux pour l'Histoire de France par Dignités, qui est divisé en un grand nombre d'articles.

1. Les Baillifs & Sénéchaux.
2. Les Connétables, Maréchaux de France, Chambellans, Grands-Maîtres des Arbalêtriers, Grands Fauconniers, Bouteilliers, Pannetiers, Grands Queux, Grands Maîtres d'Artillerie, Généraux des Ga-

léres, Portes-Oriflames, Meſtres de Camp du Régiment des Gardes du Corps du Roy, Colonels de la Cavalerie Légére de France, & Colonels des Suiſſes.

2. Les Comtes du Palais, les Grands Chambriers, les Echanſons, les Grands Louvetiers, les Grands-Maîtres d'Hôtel, les Maîtres des Eaux & Forêts, les Maréchaux & Grands Maréchaux-de-Logis, les Tréſoriers des Chartes, & les Bibliothéquaires du Roy.

4. Les Régens & les Régentes de France, les Sécretaires d'Etat, les Tréſoriers Généraux de France, les Surintendans & les Contrôleurs Généraux des Finances.

5. Les Premiers Préſidens, Procureurs & Avocats Généraux des Parlemens, & de preſque toutes les Cours Supérieures, même ceux du Grand-Conſeil de Malines, & ceux du Privé Conſeil de Bruxelles.

6. Les Ambaſſadeurs de France à Rome, à Veniſe, en Angleterre, en Eſpagne, à Conſtantinople, &c.

7. Les Gouverneurs d'Anjou, Artois, Auvergne, Berri, Bourbonnois, Duché & Comté de Bourgogne, Champagne, Dauphiné, Iſle de France, Guienne, Hainault, Hollande, Languedoc, Lionnois, Limoſin, Luxembourg, Maine, Pays Meſſin, Navarre & Bearn, Normandie, Orléans, Paris, Périgord, Picardie, Poitou, Provence, Touraine, Xaintonge, & des Pays-Bas.

8. Les Chanceliers d'Aquitaine, des Ducs de Bourgogne, de Bretagne, des Comtes de Champagne, de Dauphiné, de Flandre, des Reines de France, des Princes du Sang, les Chanceliers de Naples & de Navarre.

9. Les Connétables d'Aquitaine, des Ducs de Bourgogne, de Champagne, de Flandre, & de Normandie.

10. Les Grands Chambellans des Ducs de Bourgogne, de Champagne & de Normandie. Les Bouteillers de Bourgogne, de Champagne & de Normandie. Les Grands Maîtres d'Hôtel de Lorraine. Les Maréchaux d'Aquitaine, du Barrois, de Boulogne, de Bretagne, de Champagne, de Lorraine, du Comté de Hainaut & de Savoye. Les Sénéchaux du Comté de Bourgogne. Les Grands Veneurs de Flandre. Les Maréchaux, Grands Sénéchaux & Sénéchaux de Chypre.

11. Les Papes natifs de France. Les Cardinaux Protecteurs de France. Les Cardinaux François avant le Siége des Papes à Avignon. Les Cardinaux François durant le Siége des Papes à Avignon.

12. Les Grands Aumôniers de France, les Confeſſeurs des Rois de France, les Grands-Prieurs de France.

3°. Un autre Recueil compoſé de piéces détachées, ſur l'Hiſtoire d'Angleterre, ſur celle des dix-ſept Provinces des Pays-Bas, & ſur pluſieurs autres parties de l'Hiſtoire Ancienne & moderne. Les Recueils des deux derniers articles compoſent cinq vol. *in-folio*, & demanderoient seuls un long Extrait.

4°. Un gros Recueil, *in-*4°., dont nous avons parlé, & auquel M. du Cange renvoye souvent par la lettre R. C'est un Répertoire qui est la *Clef* de tous les Recueils, & dans lequel se trouvent les renvois faits soit aux Livres imprimés, soit à ses propres Recueils, de maniére que le Répertoire est nécessaire pour faire usage des Manuscrits qui sont à Vienne & à Paris.

5°. Trois volumes ou Recueils, qui sont des Extraits, sans ordre, de différentes lectures. Ces volumes sont étiquetés C. D. E. ; ils sont la suite d'un pareil Recueil, étiqueté A. B. qui compose le neuviéme volume des Manuscrits de Vienne. On ne peut faire usage de ces Recueils qu'au moyen des renvois du Repertoire général.

6°. Trois petits Portefeuilles pour un Nobiliaire particulier de la Province de Picardie. Ils sont chargés d'un grand nombre de renvois, principalement au Recueil étiqueté A. B, qui est à Vienne.

7°. Outre ces Recueils, M. d'Aubigni a entre les mains vingt-cinq Manuscrits, qui sont des anciens Romans, des Traités de Blason, & d'autres matiéres, chargés de notes.

8°. Il reste encore un Portefeuille rempli d'un grand nombre de Lettres, que des Personnes élevées en dignité, & les Sçavans les plus distingués du dernier Siécle ont écrites à M. du Cange ; elles méritent d'être imprimées.

La Notice très-abrégée, & peut-être trop Sommaire, que nous donnons des Manuscrits de M. du Cange, qui sont à Paris, si on la joint au Catalogue de ses Ouvrages imprimés, & à la Notice des Manuscrits conservés à Vienne, montre quelle a été l'étenduë des Projets, la profondeur des recherches, la continuité & l'utilité du travail de ce Sçavant homme. L'énumération de cette quantité prodigieuse d'Ouvrages, confirme & surpasse même tous les éloges que les Sçavans ont donnés à M. du Cange, pendant sa vie & depuis sa mort. Il est à desirer pour l'honneur des Lettres & pour l'avantage du Public que ceux de ses Ouvrages qui sont parfaits, soient bientôt publiés ; & que les autres qui sont restés imparfaits, puissent être finis avec le secours des matériaux que l'Auteur avoit rassemblés.

www.ingramcontent.com/pod-product-compliance
Lightning Source LLC
Chambersburg PA
CBHW061010050426
42453CB00009B/1349